I0077953

www.ingramcontent.com/pod-product-compliance
Lightning Source LLC
Chambersburg PA
CBHW071127090426
42736CB00012B/2046
* 9 7 8 1 9 4 2 9 1 2 3 7 8 *

# لنگه کفشی در آینه

**شاعر: منیژه رفیعی**

ویراستار: دکتر عبدالرسول فروتن

عنوان: **لنگه‌کفشی در آینه**

شاعر: **منیژه رفیعی**

ویراستار: **دکتر عبدالرسول فروتن**

طراح جلد: **کورش رفیعی**

شابک: **۹۷۸-۱۹۴۲۹۱۲۳۷۸**

شماره کنترلی کتابخانه کنگره آمریکا: **۲۰۱۸۹۰۱۶۶۶**

ناشر: **هنر برتر (آمریکا)**

کفش را می‌توان حبس کرد

درونِ یک گنجه

بی‌نور

بی‌روزن

صدا از دیوار برون می‌تراود

از کفش، نه

کفش را می‌توان برق انداخت

با روغن

چربیِ حیوانی

چربیِ گیاهی

کفش را می‌توان حبس کرد

نمی‌توان مانع رفتنش شد

کفش، کفش است که برود

بیاید

لگد بزند به هرچه درِ بسته

***

پاهای من، هیچ

از رفتن، بازمانده

بیا

به حالِ بیچارۀ کفش‌هایم نظری کن

سلّولِ من

بی‌روزن است

بی‌درب

بی‌دروازه

بی‌قفل و کلون

برای باز گشودن

قفل‌ها زنگ زده‌اند

زنگ‌ها را باید زدود

رنگ‌ها را باید زدود

\*\*\*

کفش‌ها گاه رنگ عوض می‌کنند

خاکستری می‌شود سیاه

سیاه می‌شود بور

بور، خاکی

کفش‌هایم خاکی‌اند

با روغن سوختهٔ تهِ تابه

دودِکنارِ اجاق را می‌گیرم

کفش‌هایم را برق می‌اندازم

نگاهم برق می‌افتد

دستم سیاه می‌شود و چرب

دلم تاریک می‌شود و سرد

کفش‌هایم گاه سکندری می‌خورند بی بهانه‌ای

روی دیوار می‌لغزند

و به پهلو می‌خوابند

لنگه‌کفشی خسته...

کفش‌هایم گاه به هم تکیه می‌دهند

با خود می‌گویم آیا

اگر دستی به کنارشان آویزان بود

دست یکدیگر را می‌فشردند به‌دوستی؟

شاید هم دشنه‌ای آذینِ دست‌ها می‌شد

نه؛

دست نباشد به از به دست گرفتنِ دشنه

خوشحالم ؛

کفش‌هایم دست از گردنشان آویزان نیست


کفش‌هایم سری ندارند که روی تن زیادی کند

چقدر به این کفش‌ها حسادت می‌کنم

کفش

زوج است

برای تنها شدنش باید حرفی اضافه کرد

کلمه‌ای: لنگه

کفش لنگه که می‌شود، تنها می‌شود

سرگردان


سرم سنگین است

همیشه سرم سنگین است

روی گردنم زیادی می‌کند

خنجری باید

به یک ضرب

نه...

رفت و برگشتی نباید به کار آید

جان می‌ستانی

یکباره سقط کن

حیوان نباید درد بکشد

من نیستم از حیوان کمتر


کفش‌ها امّا

هزار بار خنجر بخورند

باز زنده‌اند

کفش‌ها تنها زمانی می‌میرند که دل‌زده کرده باشند پایی را

نه به‌سانِ انسان

تعداد ضربانِ قلب از پیش تعیین شده

نه به‌سانِ شیر و لبنیات

با تاریخ مصرفی که سر نیامده سر می‌رسد


انسان است و ضربان قلبش

ماشین است و ساعت کارکردش

کیلومتر مصرف

یا چه می‌دانم

انسان هم ماشینی است به حول و قوّهٔ الهی

با پیچ و مهره‌های ناشناخته

ماشین‌های کوچک

کوچک‌تر که با هم انسان را ساخته‌اند


با هر اتمام زمان تعریف‌شدهٔ ماشین‌های کوچک درونم

درد می‌کشم

تعویض قطعه هم که نداریم

گارانتی هم

زمانِ خلقتِ انسان معنا نداشت

هر روز از کاراییام کاسته می‌شود

و سر انجام روزی دور انداخته خواهم شد

زیرِ گور


و اما کفش

گارانتی دارد

و تا آنجا که گارانتی دارد

درد ندارد


کفش به قَشویی رها می‌شود از خستگیِ روزانه

تنِ من

ای وای

ای داد

ای بیداد

هرچند نمی‌توانم قیاس کنم

تنِ مرا هیچ‌کس قشو نکرد

گاه به تازیانه‌ای نواخته شد

گاه زیرِ بارِ باریدن گرفت عرقش

دیگران بی‌نیاز به قشو کردنِ تن

شوخِ تن پیش چشم آوردند

شوخیِ شهرستانی

طنز

هجوِ منیّت

همه خوب می‌دانیم

کسی طاقت انتقاد ندارد

کسی که طاقت انتقاد داشته باشد، از ما نیست

باز هم نقد می‌کنیم

داوری

با نیش و کنایه

شیرفهم باید بشوند خلق خدا

بماند که ما فهممان شیر شده است

زبانم می‌گیرد

در چشمِ غریب و آشنا


فکر می‌کنم ایرادِ کار من از ابتدا پیدا بود

مادرم گاه به من گفت:

جانِ من

کفش‌هایم مادر نداشتند

کسی برایشان شعر و ترانه نخواند

و آن‌ها لاجرم دانستند

یکی یکدانه نیستند

و مثلشان که هست، بماند

بهتر از آن‌ها هم بسی یافت می‌شود


کفش‌ها به راه رفتن فکر کردند

شکل گرفتن در قالب پاهای کج و معوج

راحت سواری دادن


سواری دادن

رمزِ بقایِ یک کفش است

استغفر لله

نه رمز بقای انسان


کفش‌هایم گاه از من خسته می‌شوند

گوشهٔ ناخن کوچک را گاز می‌گیرند

گاه به پشتِ پاشنهٔ پا زخمی می‌زنند جانسوز

امّا آن‌ها هنوز هم کفش‌هایِ منند...


هر کس به اندازهٔ وسع خود کفش می‌خرد

هرچند پا قلب دوّم است

امّا، عقلِ مردم به چشمشان است

و هیچ‌کس به کفش‌های کسی دقّت نمی‌کند

ممکن است مارکِ لباسِ زیرِ آدمی مهم باشد

ولی ....کفش و

مارک؟

کفش فقط باید گِلی نباشد

در زمان ورود به هر جا

هر جایِ هر جایی

هرچه مُلکی صنعتی‌تر

کفش‌هایش نامتناسب‌تر

از بالا به پایین که برانداز کنی

تمام عناصر صورتت با حرکت گردن هم‌خوان می‌شود

آویزان

جز محلِ کار و کفشِ ایمنی

کفش تبدیل می‌شود به گالشی ناگاه

برای روزها، ماه‌ها و سال‌ها

خسته

فرسوده

از هم گسسته

شاید هم به جهت مرغوبیت کفش

هزینه‌اش می‌رود بالا

و خریدارش می‌آید پایین!

طبقهٔ پایینِ اکثر دکان‌ها لباسِ بیرون‌روی است

برای خرید کفش باید از پلّه بالا رفت

پلّه‌های باریک

بلند

گرد

هر که طاووس خواهد...

بعله

طاووس، خواهان ندارد این روزها

چند تایی طاووس مانده‌اند قاطی کلاغ‌ها

پشت نرده‌ها

نرده‌های موزه

موزهٔ حیات وحش است اینجا

گورِ خر ناپیدا

گور خر

سهمِ شکمِ شیرِ دربند است

***

کفش‌های من اهلِ آبروداری نیستند

مانندِ خودِ من

هرچه درونشان باشد، بیرون می‌ریزند

از بوییدنی‌ها

تا دیدنی‌ها

و

لمس‌کردنی‌ها

قبل از اینکه به سمتشان بروم

دادِ سخن می‌دهند

چه کنند؟

بیچاره‌ها

غریب و بی‌همزبان

مانده‌اند

میان دیوارها

دیوارهای چوبی

شیشه‌ای حتّی

چند اسپری ِ بوگیر بیاور

***

درون ِ من ِ خسته‌دل

رابطهٔ تنگی با کفش ِ تنگم دارد

از برون خنده زنم

در درون دشنه به صد ضربه زنم

برق ِ کفشم برده چشم همه را

زیر آن آب ِ روان، می‌برد نیم‌تنه را

کفش‌هایم بوی ِ نا می‌دهد

دنیایم بوی نامردی

رفتم از یاد ِ غریب و آشنا

رفته از یاد

پریشان بودن ِ دل برای ما

غربت ِ سایهٔ سنگین سرم

پیشِ چشمِ همه، پیدا

به نگاهی

شده رسوا، دلِ من

وای‌ی دلِ من

***

بزن مرشد

بزن

خامم کن

تَرَم کن

بزن دف

شوقِ دلم

بیشتر کن

که یارِ من

کنارِ من

نشسته

سایه‌اش با من یکی شد

قدم‌هامان یکی شد

کفش‌هایم اگر بگذارند

یک قدم برمی‌دارد

یک قدم دور می‌شود از من

صدایِ پایِ او

تق

تق

تتق‌تق

صدای کفش من

لخ‌لخ

للخ‌لخ

سکوتی بین ما جاری است

نگاهش پیشِ پایِ من

گریزانم

هراسان

مضطرب

دلخون

شنیده او صدای کفش من را

و

بی تاب گذشتن از همرهی چون من

بهانه می‌کند شب را

شرنگ را

خاموش است صدایش

هراسانم

گریزان

قلبِ من

تیر را در بچگی خورده است

با کوپن‌های دوصد من یک حلب روغن

چه امّیدی

چه امّیدی

به این دریا

که سرما سخت سوزان است[1]

هوا تاریک

شماطه بی‌نفس

در رفت‌وآمد

می‌زند

هشت بار

---

۱. اشاره به بخشی از شعر «زمستان» مهدی اخوان ثالث: وگر دست محبت سوی کس یازی/
به‌اکراه آورد دست از بغل بیرون/ که سرما سخت سوزان است.

بارها بار

خوابم یا بیدار؟

کفشم یا دیوار؟

به دالبرها روی آن پرده می‌توانم آویخت

به امّیدی...

***

کفش‌ها

دهان باز می‌کنند

ناگاه

فغان

ناله

زبان کفش‌ها را خوب می‌دانم

زبانِ آدم‌ها را

نه

خوب است

آدم باید زبانِ لوازم را بداند

اشیاء را باید فهمید

درکِ اشیاء

می‌رساند ما را

به لذّت‌بردن

می‌توان از وجود لذّت برد

از بودِ هر چیز

می‌توان رنج برد

احساسِ تنگی کرد

تنگ بود

تنگ‌نظر بود

نظرِ ما

ابعادِ اشیاء را تغییر می‌دهد

سرم سنگین می‌شود

متوکاربامول، ذهن را وسعت می‌دهد

سرم کش می‌آید

همهٔ فضا را اشغال می‌کند

شکل می‌گیرد

شکل همین شش‌بُعدیِ اتاق را

گوشه پیدا می‌کند

گوشه‌هایش تیر می‌کشد

میانش وینستون

میان، غرب‌زده

گوشه‌ها همچنان در بندِ میراثِ گذشته

گوشه‌های کفشم شکاف برداشته

گوشه‌های دلم نیز

گوشه‌ها تَرَک برمی‌دارند

کانون در آتش می‌سوزد

در کانون بودن، سوختن دارد

هرمِ داغِ مرکزِ زمین

هرمِ داغِ مرکزِ هرم

هرمِ داغِ لبو، روی آتش

زمستان است

بخارِ لبوی داغ

توجه کن!

آتش، در مرکز دایره

سرخیِ لبو، پیرامون

توجه کن!

لبوِ حرارت‌دیده

سرخ می‌شود

آبش، سرخ

میانِ خونِ خود غوطه می‌خورد

گداخته می‌شود

آماده است تا دندانی آن را به نیش بکشد

از آن دیر سراغ بگیری

سطحِ سینی را هم گداخته می‌کند

بو می‌دهد

خون، خشک می‌شود رویِ فلزِ گداخته

خونِ خشک، رنگ عوض می‌کند

بوی آن، اسیدِ معده می‌تراود

همسانِ بویِ نعش

خون می‌تراود

جهشِ خون

به گونهٔ اعجاب‌آوری

اشتهابرانگیز است

انسان، خونخوار

انسان، شکارچی

لذّتِ دریدنِ گوشت و پوست

دیدارِ گوشتِ لخمِ گرم

دیدن استخوان سپید با خطوط صورتی

امپرسیونیست‌ها بروند درشان را بگذارند

سِحرِ شکارِ دریده‌شده

سیر می‌شود نگاه

سیر نمی‌شود شکم

سیری‌ناپذیر است انسان

و این کفش‌های بیچاره

بی‌نصیبند

برای لقمه‌ای بیشتر

باید همراهی‌ام کنند

رفاقت چنین است

همراهیِ بی‌دریغ

کفش‌هایم امّا رفیق نیستند

گماشته هم، نه

به کلفت می‌مانند

کار می‌کنند

صدای زیرِ لبشان آزاردهنده است

حتّی اگر مانند کارگرِ افغان

هِدفون در گوششان

فولکلورِ خود را زمزمه کنند:

«از اون بالا کفتر می‌آیه

یک دانه دفتر می‌آیه»

***

جنس

حرف اوّل

جنس

حرف آخِر

جنس

معیار سنجش کیفیت است

....

جنس

میزانِ تعیینِ بهاست

جنس

یا خوب است یا بد

چرم است یا ورنی

متفرّقات بماند

پلاستیکی

نمدی

جنس

نر است یا مادّه

نخند!

میز، نر است

در

دیوار

پنجره

تمامِ اشیاء در نقطه‌ای پنهان

عورتشان نا پیداست

هر وجودی باید جنس خود را تعریف کند

پنهان کردنش از اوجبِ واجبات است

کشفِ جنسِ اشیاء

کارِ هر کس نیست

تخصّص می‌خواهد

پژو، دویست‌وشش باشد، نرینه است

دویست‌وهفت باشد

کفش‌هایِ من،

دمدمی‌مزاجند

اگر آن‌ها را به خود رها کنم

خاک می‌گیرند درونِ گنجه

گنج می‌شوند...

لاجرم

یا نرینه هستند

یا دوران یائسگی‌شان آغاز شده

زودرس

لبنیات نیست

شیرِ خشک را داخل آب، جای شیر گوسفندی می‌دهند

کامیونِ حمل شیر

پشتِ همان کرت

بارش، تخلیه می‌شود

جالیز، سفید می‌شود

آفتاب که بتابد

بوی شیر گندیده

خیارچنبرها را افسرده می‌کند


خیارچنبرها کوتاه شده‌اند

بی مزّه

شبدر هم یافت می‌نشود

برای سرکه و سکنجبین

شبدر

یونجه

یونجهٔ اعلای همدان

نایاب شده است یونجه

گوسفندان زباله می‌خورند

پسرِ چوپان، تنها

کسی به او زن نمی‌دهد

«گاوِ مَش‌حسن» کپل‌های خوش‌تراشی دارد

هنگامِ چَرا

عشوهٔ شتری می‌فروشد

و باردار می‌شود

شیرِ گوساله‌اش حرام می‌شود بر همه

گوشتش بر پسر چوپان

کسی از گوشت نمی‌گذرد

چوپان، دروغگو می‌شود

منعیات، پشتِ پرده می‌رود

گوساله روشنفکر به دنیا می‌آید

اِنس‌ساله روشنفکر به دنیا می‌آید

با عینکِ ته‌استکانی

پوستِ لطیفِ سپید

زیباست

عیبِ کوچکی دارد

نمی‌شود دبّاغی‌اش کرد

کفش گران می‌شود

کتاب، ارزان

باید مراقب بود

در این فضاهایِ نوپیدا

خبر، زود تیتر می‌شود

کفش‌ها می‌شنوند

قیل‌وقالیست

کفش‌هایم لخ‌لخ نمی‌کنند

جیرجیر می‌کنند

تغییر جنسیت داده‌اند در تغییر فصل؟

می‌تواند اثر کورتون هم باشد

دوزاریِ صاف دیگر در دکان‌ها نیست

دکانی نیست

مارکت است

همه

سوپر

هایپر

هایپر می‌شوم با کشفِ تازه‌ای

کفش‌هایم پیش از من خبر را شنیده‌اند

ناز می‌فروشند

آوا از میان لب‌های به‌هم‌دوخته رد می‌شود

زیر

آزاردهنده

حالا فرسنگ‌ها دورتر هم صدای نازشان به گوش می‌رسد

همهٔ چشم‌ها در خیابان به کفش‌های من است

با تغیّر

ماجرایِ من و کفش‌هایم

تکرار می‌شود برای اکثریتِ حاکم

من

در این ناآرامیِ جمعی

آرام می‌شوم

در انتظارِ حکم

دل بر زمین می‌نشیند

شاهِ دل

دست را باید واگذار کنم...

بنشینم گوشه‌ای سماق بمکم

کاش...

این سوزِ سرما کاری بکند

قطره‌ها در سقوط حجم بگیرند
بلوری شوند
و
سیاهۀ کف‌پوشِ خیابان‌هایِ شهر
سپید شود
بزرگ‌تری باید بزرگ‌تری کند
یک پیراهن سفید
شهرِ به‌عزا نشسته
چله‌نشینی‌اش سال‌هاست تمام شده
بزرگ‌ترها سینۀ قبرستان لانه کرده‌اند
بزرگ‌ترها آلزایمر دارند
نسلِ دوّم اگر از پشتِ رایانه برخیزد
چه‌ها خیزد...
زخمِ بستر، نامِ ناموزونی است برای کوفتگی‌های کپل و ران
هیچ‌کس به دنبال ساختن کلمۀ جدید نیست
از نازی‌ها با آن‌همه نازشان
در طیِ قرون
نام یک نفر ثبت شد

«ساختنِ کلماتِ جدید» حرفه‌اش

قرعه به نام خورده

کلماتش نامفهوم و سخت

برای درک یک عبارت که بر زبان می‌راند

همه گوش شده‌ام

ادراک، گُنگ شده است

از عجزِ خود

پریشان

خشمگین

فریاد می‌زنم

بی‌صدا

انعکاسِ صدا در حفرهٔ سینه

دردِ استخوان

نالهٔ حضّار

میان همهٔ امواج

موجِ خودم را بازمی‌شناسم

هر ثانیه

هر گوشهٔ کوچه‌های کرهٔ خاکی

واژه‌ای نو ساخته می‌شود

واژه‌ای

واژگانی

به دیار فراموشی می‌روند

دنیایِ واژگانِ مرده...

از دنیایِ مردگانِ واژه کسی خبری نمی‌گیرد

سال‌مرگ آن‌ها هم به خودشان پیوسته

گورستانی سوت

گورستانی کور

گاه شاعری از آن‌ها یاد می کند

برای ابرازِ فضلِ خویش

کس نمی‌فهمد کلامِ مردهٔ او را...

شاعر، شعر را می‌بوسد

می‌گذارد کناری

با موتورسیکلت

می‌رود سواری

دوازده ساعت پیاپی می‌راند

کوچه‌ها

خیابان‌ها

بزرگراه‌ها را

جیب‌هایش ورم می‌کند

کاش برای تولّدِ چهل‌سالگی‌اش کسی کیف چرمی به او هدیه دهد

کسی

هیچ‌کس

شاعر همیشه تنهاست...

پاهایش ورم کرده

کفش‌ها منبسط می‌شوند در حدِّ وسعشان

چشم‌ها خون گرفته

اشک‌ریزان

لبخند بر گوشهٔ لب

***

هوا سرد است

آب در لوله‌ها مانده

سرد

منجمد

با سیاهی

با بوی ِ ناجور ِ پاها

سفره را تا می‌کند

بر روی انگشتان شست و چهار دیگر

لقمه‌ها بوی پا می‌دهند این بار

***

صداوسیما فرهاد پخش می‌کند

فرهاد شکایت به عدلیّه می‌برد

عدلیه می‌شود قوّهٔ قضائیه

واژه‌ای نو در جهان پیدا

قوّه می‌گیرد از ارواح

حکم می‌شود

انزوا...

چکش بر زمین

بیستون بر جا

بلدوزرها یک‌نفس بر پا

نقش می‌گیرد زمین

رشدِ دیوارها

درها

کلون‌ها

نه!

درب‌ها بی‌نیازند حالا

درب‌های ضدّ سرقت

تا ابد بر پا

سارقانِ بامجوّز

لحنِ پُرطمطراق

پیشینه‌ایِ تاریک

آتیه‌ای روشن

چشمِ شما روشن

قضایِ روزگار این است

حدیثِ ابر و بار

بارِ مثبت

بارِ منفی

یون

یونیزاسیون

خواب

بیزار از ساعت

من

بیزار از ساعت

کفش‌هایم

بیزار از ساعت و خواب

همچون من

زن

حسِ آغشته به نفرت از زن

معشوقهٔ او

زنگِ ساعت

خبر از بی‌خبری‌هایم می‌دهد پی‌درپی

من در پیِ یک ثانیه

کفش‌ها ناباور

پاشنه‌ها خوابیده

بندها آویزان

تا زمانی دیگر

کفش‌هایم گاه به نگاهی حیران

مهر را می‌جویند

چون سگی در درگاه

من به لبخندی

می‌خوانم

زندگی سرشار است

از بی‌مهری‌ها

چشم‌هایم گریان

اشکِ چشمم

هر سو

زندگی سرشار است

از غمِ بی‌مهری

دردِ بی‌همدردی

دردِ بی‌غمخواری

کفش‌هایم

شده‌اند آینهٔ دل اینجا

من به آن‌ها بی‌مهر

کسی آن گوشهٔ دنیا بر من

تاختن تاختن است

شیء و جاندار

همه مشمولند

لطفِ عالی

جیبِ خالی

می‌کند دلِ هر بی‌مهری

باوفاتر از مهر

***

با کفش هم می‌توان خوابید

در یک بسترِ خالی از عشق

زندگی، خالی نیست

گاه می‌خوانم از سهراب:

«چه کسی بود صدا زد سهراب؟

کفش‌هایم کو؟»[۲]

خب،دوست عزیز؛ سهراب

چه گناهی است که بر کفش روا می‌داری؟

پابرهنه می‌توان رفت

---

۲. اشاره به ابتدای شعر «ندای آغاز» سهراب سپهری.

گر صدایی هست هنوز

که تو را می‌خواند

کاش

یک نفر هم مرا صدا می‌کرد

کفش، سهل است

عور، رها می‌کردم خود را

در راهِ عبورِ آوا

آواها به دیارِ من نمی‌رسند هیچ‌گاه

من مانده‌ام و ازدحامِ صدا

صدای ضجّه

صدای فریاد

صدای خروشانِ هرچه بادا باد

\*\*\*

راهی می‌شوم

نه اینکه بخواهم جایی بروم

برای اینجا نبودن

راهی می‌شوم

کفش‌هایم سنگین شده‌اند

راهِ نشناخته را با ترس همراه می‌شوند

شاید حقّ با آن‌ها باشد

شاید هم پیریِ زودرس سراغشان را گرفته

به‌سانِ بلوغِ زودرس در انسان‌های امروز

راه سخت نیست

بی‌هدف قدم برداشتن

سخت نیست

ساده نیست

گونهٔ شگفت‌انگیزی از بی وزنیِ مطلقِ حرکت

نه خوب

نه بد

می‌شود آری

می‌شود نه خوب بود، نه بد

بی‌ایجاد توقّع در دلی

یا رسمِ نقشِ نفرت در سینه‌ای

می‌شود به هر نگاهی بی‌تفاوت خیره شد

نگاهِ گرسنه

نگاهِ کنجکاو

نگاهِ پرسشگر

عتاب‌کننده

خشن

گریان

نگاهِ عاشق...

نگاهِ عاشق را چگونه می‌توان از سر گذراند؟

با پرشِ رسواکنندۀ پرّه‌های بینی

صدایِ ضربانِ قلب

داغیِ گونه‌ها که می‌رود آتش شود

و آن‌همه شوقِ نهفته در یک چشم

آرزوی نهفته در چشمِ دیگر

فراموش می‌شود

راهِ شده

خمودگیِ اینجانشینان

بی‌حاصلی

مرگ

مرگ‌ومیر ناشی از اختلالاتِ عصبی

همه‌چیز خلاصه می‌شود

یک نقطهٔ تلاقی

و قصه از همین جا شروع شد

اهمیت کفش‌ها

قدم‌زدن‌های طولانی

به انتظار ماندن

ایستادن

نشستن

دویدن

تا رسیدن

راه رفتن از کناره

برای مراقبت

راه رفتن از میانِ آب

میانِ گل

روی سنگلاخ

و بی‌توجه به کفش‌هایِ فراموش‌شده

خندیدن

در مستیِ عشق

کفش‌ها محترمانه

بی‌صدا

سُقُلمه می‌زنند پا را

حس می‌کنمشان

و

می‌دانم

سخت جابر شده‌ام

سخت عاشق شده‌ام

بازگشت به خانه

همان خانهٔ تنگ

ناراحت

رنگ دارد دیوارهاش

رنگِ زرد را چقدر دوست می‌توان داشت

وقتی به صورت ابری روی دیوار اثر گذاشته؟

روبه‌روی آینه

زیبا شده‌ام

زیبا بودم

کشف شده‌ام

میان قابِ آینه

خودم را کشف کرده‌ام

دوربینِ عکاسی

عکسی از من

عکسی از من و منِ در آینه

بماند یادگاری

عکسی از کفش‌های گِلی

عکسی از گل‌های کفش

عکسی از گل‌هایِ نشسته

بر کفش‌هایِ قرمزِ کنارِ دیوارِ زردِ
آب‌زده

توی قابِ آینه

زندگی زیباست

«آن‌قدر زیباست این بی‌بازگشت

کز برایش می‌توان از جان گذشت»[3]

***

گاه کفش‌هایم

می‌شود ترجمانِ دردهایِ من

۳. شعر از سیاوش کسرایی است.

نقشِ درد می‌شود

کفش

نقشِ زخم

نقشِ فراموشیِ هرچه هست

نقشِ نقش‌هایِ ناپیدا

نقش‌هایِ گُم

گُم‌شدن لابه‌لای پرده‌ها

پرده‌هایِ خاک‌گرفته

آویزان

مثلِ همهٔ مردمانِ آویزان

بی‌آرزو

بی‌امید

کفش‌هایِ من آرزوهای خود را در دل دارند

گاه به راه‌هایی می‌روند

بی‌راهه

راه‌هایی که نباید بروند

راه‌هایی که سال‌هاست بی‌انتها شده‌اند

آدرس‌های اشخاص گویی به‌روز نشده‌اند برای کفش‌ها

خودِ اشخاص هم، گاه خیلی دیر به‌روز می‌شوند

اوقاتی هست که جلوی دربِ منزل دوستی ایستاده‌ام

که دیگر نیست

از میانِ ما رفته

یا هست و دیگر دوست نمی‌خوانمش

بیگانه شده

یا نه، می‌توانم بگویم خاطره شده

خاطراتِ راه‌های رفته را، امّا

از ذهنِ کفش‌ها نمی‌توان زدود

ذهنِ کفش است

و

سنگلاخِ راه

ناهمواری‌هایش

هُرمِ داغِ آفتابِ مردادماه

آسفالتِ نرم و داغ

و کفِ کفش

آن‌قدر سخن گفته‌اند با هم

که زدودنی نیست...

برفِ یخ‌زده

دی‌ماه

سُر خوردن

زمین خوردن

شکستنِ قوزک پا

همیشه مرور می‌کند خاطراتِ مرا

«دیگه این قوزک پا، یارِ رفتن نداره

لبایِ همیشه بسته، دیگه دوختن نداره»

دیگه دوختن نداره

شکافِ کنارِ قوزک

دیگه دوختن نداره

شکافِ رخنهٔ آب

نفوذِ سرمای هوا

تراوشِ خون

بگذار بتراود خون

خونِ گرم

بخارِ داغِ خون در هوای سرد

گرم کن تنت را

گرم کن دستت را

دستِ به‌خون‌آغشته

گرم نمی‌شود دیگر

تنِ به‌خون‌آغشته

نیز

گرم نمی‌شود دیگر

خون است که می‌رود منجمد شود

در بی‌رگیِ این هوا

در بی‌رگیِ مردانِ ناپیدا

انجمادِ خون

پیشِ چشمِ من

انجمادِ خون

پیشِ چشمِ مردمان

مردمانِ مُردارخوار

خونِ قربانی

جهشی

و

دیگر هیچ...

لخته می‌شود روی زمینِ سرد

لختهٔ خون

می‌دود

تا قلب

سکته می‌کند فرد

سکته می‌دهد مرا

سکته می‌دهد صدا را

فریاد

فَر یاد

می‌شود:

فریبِ یاد

یادمان باشد

فریبِ آخِر است این

مرگ در یک‌قدمی است

حاجتی برای ما نیست

***

کفش‌های من از جنسیت بیزارند

جنس ندارند

می‌تواند کفشِ برادرم باشد

یا کفش یک هوموسکشوال در وال‌استریت

کفش‌هایِ من جاذبهٔ جنسی ندارند

«دخترهایی که به دنبالِ علم هستند، جاذبهٔ جنسی ندارند.»[۴]

این شوخی

طنز

یا صد مایهٔ جدّی

رنگ واقعیت به خود گرفته

اینجا

زن بین دوراهی است:

زن‌بودن

یا

انسان‌بودن

هیچ‌گاه برای مردانِ درشت‌اندامِ مومشکینِ ما قابلِ‌فهم نبوده

قابلِ‌فهم نیست

زن می‌تواند

زن باشد

---

۴. این روزها در بین مردم شایع است!

انسان باشد

کفش‌های من نیز انتخاب شده‌اند

با ناخودآگاهِ آگاهم

برای سرعت

***

خردِ جمعی اذعان دارد

آینه

مادّه است

مادّه، بازتابِ ذاتِ نر

بی‌تفاوتی

بی‌حرمتی

فحّاشی

توهین

تهدید

ارعاب

اقدام‌به‌عمل

دست بالا

چشم‌ها غرّان

پرتابِ لیوان

لگد زدن به کودکِ نافرمان

شکستنِ دستِ بانویِ جوان

ریختنِ غذایِ تازه در فاضلابِ شهران

زدنِ کاردِ آشپزخانه به شکمِ قلنبان

کشتنِ جنین در زهدان

کم شدنِ آمارِ بینوایان


آمارها نشان می‌دهد:

درصدِ کودکانِ بی‌سرپرست یا بدسرپرست کاسته شده است

افزایشِ آمارِ مُزدبگیران

تناقضِ آشکار

فحّاش

چرا آشکارا می‌شود دردی

که باید پنهان باشد از دیده‌ها؟

با هزار و صد جور نامردی

بیا فاش کنیم

احترام باید کرد اینان را

نانِ بازوی خویش خوردن

به که منّت حاتم طایی بردن[5]

***

کفش‌های من قبل از اینکه بو بگیرند

می‌میرند

کفش‌ها وفادارند

راه می‌روند بی‌اعتنا به قلبِ شکسته

راه‌هایی می‌روند که نمی‌خواهم

مقابلِ دربِ بسته می‌مانند به انتظار

شکسته می‌شود قامتِ من

شکسته می‌شود من

کفش‌ها همچنان می‌مانند

به انتظار

انتظارِ نومیدکننده

درب‌ها بسته

دیوارها فرو ریخته‌اند

خانه توقیف شده

---

۵. اشاره به بیتی از گلستان سعدی: هرکه نان از عمل خویش خورد/ منّت حاتم طایی نبرد.

صاحبِ‌خانه پشت میله‌هاست

او در انتظارِ آزادی

من در انتظارِ بندی به پا

نشسته‌ایم زیر فروغِ ستاره‌ای

می‌رود افول کند انگار

می‌رویم رو به افول، همه

پندارِ *ما*، فردای روشن

روشنایی برای فرزندان

فرزندانِ به دنیا نیامده

فرزندانِ مرده

سقطِ جنین بیداد می‌کند

این بار

«کودک است هنوز»

دلِ من

درونش کودکی خفته

درونش کودکی مُرده

کودکان، مرده به دنیا می‌آیند

ناقص‌العضو

## ناقص‌الخلقه

من، ناقص
عاجزانه دخیل بسته‌ام
به درب امامزاده‌ای
به زن یائسه‌ای شباهت دارم
در انتظارِ معجزه
چرا پیش از چهل‌سالگی عاشق نشدم؟!
عاشقِ باروری
بهارِ من گذشته
نومیدانه به در می‌کوبم
دری گشوده نخواهد شد
و کفش به انگشت‌هایِ فراغت
بندهایش نخواهد گسست
در بند خواهیم ماند
در «سربند»
قرار ما باشد سپیده‌دمانِ نوجوانی
قلّه
سپیدی برف

کنارِ بخاری

پناهگاه، ایستگاه پنج

توچال

توی چال

تو را خواهم دید

برقِ چشمانت تنها روشنایِ تاریکیِ چال

برقِ چشمانت، تنها راهنمایِ راهِ ...

***

کجایِ راه مانده‌ام؟

کجایِ زمان؟

گم کرده‌ام روشنایِ راهم را

راضی‌ام هنوز

کفش‌هایم

اشک‌هایم

راهی‌اند

جاری

روان

رکود، خمودگی می‌آورد

خمودگی، رکود

دلم خوش است

دل‌مشغولی‌هایِ کوچک

خُرد کردن سبزی برای آش

پاک کردن ترب

برش دادن چند تربچه

خوردن

خوردن در تنهایی

خوابیدن

خوردن و خوابیدن

نماز گزاردن

چند رکعت در روز

چند رکعت در ماه

با جفت کردن کفش‌ها پیش پا

***

ارادۀ کفش‌ها به رفتن است

به آغوش گرفتنِ پاهای خسته

یخ‌بسته

پیمودنِ این راهِ دراز

به امیدی...

یک دیدار

یک لبخند

اشکِ شوق

آغوشِ بسته

«اشکان»ام را می‌جویم

در زوایایِ تاریکِ تنهاییِ خویش

در دلِ خویش

یادگارهایم

یادگارهایش

پر کردنِ فرم...

روزی، خواهم آمد

با کفش

بی کفش

بی‌اهمیت است پاپوش داشتن یا نداشتن

بی‌تاب است دل

بی‌تابِ دیدن

فراموش نکن:

این کفش‌ها

قبل از آنکه بو بگیرند

می‌میرند

این دل

قبل از اینکه پیر شود

می‌میرد

مردن با بو گرفتن عجین شده

بویِ عجیبی می‌آید اینجا

بویِ سوختنِ دل

سوختنِ زباله‌ها بر پا

زباله‌ها را می‌آورند رویِ قلّهٔ کوه‌ها

آتشی برپاست

آتشی دیرینه پابرجاست

آتشِ زباله

زبالهٔ بیمارستانی

درون کیسه‌ها

جنینی به بار نشسته پنهانی

می‌سوزد بی‌صدا

به دنیا آمدن پنهان

مرگ نیز پنهانی است

خفته باید همه وقت...

***

کفش‌ها در پیِ چیزی اینجا

کیسه‌ها شوت به هر سویِ هوا

ناکجاآباد است

آبادی


گرگ‌ها، زوزه می‌کشند

بازتابش، صدایِ شغال

سگ‌ها زرد شده‌اند همه

برادرِ شغال

آتش از هیزم بر نمی‌خیزد

نسلِ درخت منقرض شده

به آتشِ گاز چشم می‌دوزد شاعر

به ریزشِ آب از دوشِ خراب

به رنگ‌مایۀ بنفش روی گیسویِ یار

احساس به کهولت می‌گراید

نوعی زندگی در عصر پُست‌مدرنیته‌اش آرزوست...

شعر نمی‌تواند گفت

می‌نالد

«چس‌ناله»

نامش را می‌گذارد:

«غزلِ پست‌مدرن»

کسی به او می‌گوید:

«آفرین»

که نمی‌فهمد

غزل، غزل است

پُست نمی‌توان کرد غزل را

نه اکسپرس

نه پیشتاز

دی‌اچ‌ال، غزل نمی‌شناسد

جزو کالاهای ممنوعه است

میراثِ فرهنگی

خروج تنها با مجوّزِ ارشاد

شاعر، بارش را زمین می‌گذارد

بارِ مرجوعی

و

تنها

خالی

کوچ می‌کند

شاعران، غمگین‌ترین مهاجرانِ جهانند

سرزمینِ نو

واژگانِ نو

دستورِ زبانِ نو

ناشناخته

شاعران، غمگین

به ترجمهٔ خویش تن می‌دهند

«هیچ‌کس» می‌گفت:

«من از بدوِ تولّد ترجمه شده‌ام»

سال‌ها گذشت از عمرِ بی‌بار

تا دانستم

زبانِ مادری‌ام

زبانِ زنده است

و

کُرورها انسان با آن سخن می‌گویند

الفبایی دارد برای خودش

و من

ما

آن را میانِ سفرهٔ همکلاسی‌ها فراموش کردیم

«سَن مَنِ مَسفَرَه اِلَمیشَی»

همیشه یک تهیِ بزرگ در زندگی‌ام هست

احساس را نمی‌توان به زبان دوّم تصویر کرد

عاریه می‌شود

خالی از معنا

خالی از بار

خالی از حسِّ بودن

به دیالوگِ هنرپیشه‌ای تازه‌کار می‌ماند

باورکردنی نیست

و این‌چنین بود برادر

هیچ‌کس احساسِ مرا جدّی نگرفت

بیگانه شده‌ام

شدهٔ خویش

الفبایِ زبانِ مادری‌ام را نمی‌دانم

آن نمرده است

در من مرده است

به‌مانندِ من

درونِ کفش‌هایم

گاه کفش‌ها هم مرا فراموش می‌کنند

لنگه‌ای دهان باز کرده

تشنه است؛ یا گرسنه؟

نیازمندِ دستِ پُرمهری

نیازمندِ دستی

هرچند بی‌مهر

دستی برای لمس کردن

زدودن تنگی‌ها

اگر فرصتی داد

رنگ کردنِ بی‌رنگی‌ها...

سقلمهٔ کفش به پاشنهٔ پا

گرگ و میشِ هوا

باید قدم برداشت

گاه به‌تنهایی

حتّی

سخت است

بی‌نفسی هم‌نفس شدن

راه رفتن سخت است

رفتن به کافی‌شاپ

خوردنِ قهوهٔ قجری

کلّه‌پاچه

سیرابی

شیردون

نگاهِ سنگینِ در

دیوار

شنیدن صدای تمسخُروار

عجیب است

تنها نمی‌توان حتّی در کوهپایه قدم زد

رفتن به قلّه بماند به‌عنوانِ آرزویِ محال

جماعت خریداروار نگاه می‌کنند این بار

لُطفِ لوطی، نگاهِ از سرِ دلسوزی است

تنها باید بماند کنجِ عزلت

منتظرِ دیدارِ ملک‌الموت

دقّ‌الباب

خبرِ خوشی در پی ندارد همیشه

قدری تأمّل باید

نگریستن به آینه

با طمأنینه کفش‌ها را پوشیدن

محکم قدم برداشتن

محکم باش!

در خلوت، میانِ این‌همه دیوار

در انجمن پیشِ چشمِ داورِ قهار

مرگ، حقّ است

در بین تمامِ حقوق

سهل‌الوصول‌تر

گاه حتّی انگیزه نمی‌خواهد

اقدامِ از پیش تنظیم‌شده نیز

ضرورتی نیست

یک داروی آرام‌بخش

مُسَکِّن

آلپرازولام

ترامادول

و این روزها

آنتی‌بیوتیک‌ها قاتل شده‌اند

کافی است

نه لازم

از سرِ سرخوشی

برهنه‌پا

میانِ سوزِ سرما

نیم‌خیزی در تاریکی شب داشته باشی

نفوذِ سرما

عمقِ جان

سوزشِ استخوان

مُفَنگی، آبِ بینی به راه است

و

خمّاری پیدا

خاکستر می‌شود جان

می‌ریزد پی چرتی، بی‌جان

هوا، هوای خمّاری

سرها، سنگین

گردن‌ها، به زیر

دست‌ها، آویزان

نگاه‌ها، رمیده

کفش‌ها، پاشنهٔ خمیده

زنگ‌ها، بی‌صدا

صداها، درهم

هیاهو

شنونده، در ناکجا

گوینده، تکرّرِ کلماتِ نارسا

دیالوگ‌ها

بازیِ جملاتِ بی‌انتها

***

باید رفت

سکوت، گریزِ آبرومندانه‌ای بیش نیست

سخن، رسواییِ محض

علایمِ یک ذهن با مالیخولیا

هیچ‌کس برای لقمه‌ای نان زانو نزد

این کفش‌ها چرا؟

کفش‌ها می‌توانند تا مرز آدم‌فروشی سقوط کنند

ردّی که به‌عمد جا می‌گذارند

راه‌هایِ رمزآلودِ رفته را آشکار می‌کند

ردِّ مانده بر زمینِ شخم‌زده

اثرِ انگشتِ من است

هرکول پوآرو نخواهد

خانوم مارپل هم می‌تواند معما را حلّ کند

کارآگاه‌های بزرگ تیراندازی نمی‌دانند

«جعفرخان» از فرنگ آمده

در تعقیب و گریز

به اوّلینِ تیرِ هوایی که در می‌کند

پشته‌ها از کشته می‌سازد

پدرش معمار بود

زیردستِ خان‌بابا

پشته‌ها از پشکل می‌ساختند

زیرِ داغیِ آفتابِ کویر

می‌گذاشتند مگس‌ها سورچرانی کنند

پشکل‌ها پُخته می‌شد

دیوارها بالا می‌رفت

خانه

یعنی یک ذَرع اتاقِ سه در چهار

چارَک

پستو

جا کردنِ چُرَک

حبوبات، اگر آفات نباتی سهمی برای ما گذاشته باشند

هشت‌دری، آمادهٔ شب زفاف

نوعروس، آمادهٔ عروسک‌بازی

یک دست لباس است و یک شاخِ نبات

با یک جفت اُرُسی

اُرُسی، چه زیباتر از پاپوش

و فریباتر از کفش

در پایِ نوعروس

اُرُسی‌هایم، گنجه، موریانه و بید

من به تب

از بوی نفتالین

***

کفش‌ها را نمی‌توان در آینه دید

هیچ آینه‌ای رُخ کفش را برنمی‌تابد

جز در دکان مربوطه

هنگامِ ورود به دنیا

هنگامِ زاده شدن

هنگامِ هویّت یافتن

نامِ خانوادگی

کفشِ من

کفشِ او

کفشِ ناتالی

کفش‌هایِ میرزا

کفش‌ها یک بار چهرۀ خویش را در آینه می‌بینند

و تمام...

ما هر روز بارها پیشِ روی آینه می‌ایستیم

بدون نگاه کردن بر خود

تصویرِ من در آینه

منم شکل‌گرفته در ذهنِ خویش

کفش، کفش است

بی حسّی ثبت‌شده

انسان حواسّ پنج‌گانه دارد

بی قابلیت

نگاه می‌کند

امّا نمی‌بیند

گوش می‌کند

امّا نمی‌شنود

لمس می‌کند

امّا حس نمی‌کند

مزّه‌مزّه می‌کند

بی‌مزّه است هر چیز

بی‌مزّه است زندگی

به طرز نومیدکننده‌ای

می‌خواهم مثلِ همین کفش

از خاک

شروع کنم

مزّهٔ خاک

مزّهٔ خاکِ آغشته به آب

گِل

گُل

با ضمّه معنا، لطیف و زیبا شد

با یک صدا

گِلِ پُخته در آتش

آجر

مزّهٔ آجر

کودک است هنوز

یا کمبودِ ویتامین دارد

کمبودِ نیکوتین

ذهنِ من آجر مزه‌مزه می‌کند

آجر مرکّب می‌شود با ملات

ترکیبِ پخته با خام

دیواری می‌شود پیشِ چشم

اُستوار

نه خام؛

تنها می‌تواند قد علم کند

نه پخته؛

تنها می‌تواند استوار بماند

خم می‌شود به تلنگری

می‌پاشد از هم

دیرکی می‌خواهد

چوبش، آبنوس

با منبّت‌کاریِ عهدِ قاجار

- قَجَر -

لنگه‌کفشی در آینه

***

همهٔ موجودات، جفت، قدم در دنیا می‌گذارند

جفتی، در سایه، آن‌طرف‌تر

دارد تغذیه می‌کند

قد می‌کشد

می‌خواهد جنین انسان باشد

یا

جنین مادیان

برای بچّه‌فیل باید سخت باشد جدا شدن از جفت

برای انسان هم

فراموش می‌شود، امّا دردِ جدایی

ترسِ جدایی

هرگز فراموش نخواهد شد

بعضی هستند جفتِ دیگری برای خود می‌یابند

بعضی تا قیامت

دنبالِ نیمهٔ گمشدهٔ خویشند

***

به شهر که بیایی

خطِ عابرِ پیاده معنا می‌یابد

خطِ سفید

برای عابر، چراغی تعریف‌نشده

خطِ قرمزی هم نیست

امّا عابر خوب می‌داند

خطوطِ نامحسوسی را که باید رعایت کند

نمی‌توان رفت وسطِ تقاطع ایستاد

و

بانگ بر سر گرفت

همان‌گونه که نباید از عرضِ بزرگراه گذشت

بعضی نادانسته قدم به میانِ تمّدن می‌گذارند

برای درمانِ طفلی

یا گرفتنِ جوازِ مرگِ پیری

خانواده‌ای بزرگ

ایلی

طایفه‌ای

میان بزرگراه

و بیچاره رانندهٔ مرگ از پشتِ سر

با نقاطِ کورِ فراوان

سرعت، مجاز

می‌آید

از من عبور می‌کند

از خط عبور می‌کند

پروازِ کفش‌ها در آسمانِ شهر

جریانِ خون، روی سطح شهر

و

لنگه‌کفشی رویِ شیشهٔ ماشین

میدانِ دیدِ مرا کور می‌کند

نه گناهِ راننده است

نه گناهِ نابخشودنی عابر

قضا و قدر است

فرشتهٔ مرگ هم وظیفه‌ای دارد

آخر پدرآمرزیده!

ایستگاه را کنار بزرگراه جانمایی کردی درست

در آن گزارش توجیهی

ضرورت احداث پلِ عابر پیاده را هم ذکر می‌کردی

زیرگذر یا روگذرش با عواملِ پیمانکار

برآوردِ قیمتش کمتر از دیهٔ جانِ یک انسان بود

بماند که آمار چند مرگ را تا همین لحظه ثبت کرده است آنجا

***

به شهر که بیایی

عابرِ پیاده معنا می‌یابد

سواره نیز

حقّ تردّد عابر پیاده

سرعتِ مجاز

و خیلی کلمات

معنا می‌گیرد

شکلِ قانونی

و هر کلامی را هر جا نمی‌توان به کار برد

بارِ حقوقی دارد

و این بارها باید باشد

باید معنا گیرد

در همه‌جایِ جا همین است

قانون حکم می‌راند

هر معبری اصلی که باشد

تقاطع می‌یابد با معابرِ دیگر

چراغِ قرمز می‌کارند هر سوی تقاطع

دوزمانه

چهارزمانه

چراغِ یک‌زمانه نشنیده‌ام هنوز

دقیقه‌ها کش می‌یابند پشتِ چراغ

ثانیه‌ها را می‌توان شمرد

و یک ثانیه، ناگاه متوقّف می‌شود زمان

به‌سانِ زمانِ مرگ

مرده‌ایم انگار

***

کفش‌ها زمانی می‌میرند که از جفت خویش جدا مانند

قلب، می‌شکند

دست، می‌شکند

آینه...

آینه برای شکستن است

آینه را بشکن!

هزارتکه کن

هزارتکه است قلبِ من

هر یک گوشه‌ای در انزوا

خاک می‌خورند

پا می‌خورند

خُرد می‌شوند

خُردتر و خُردتر

کفش‌ها نمی‌دانند

راهشان پر است از خُرده‌ها

گاه خُرده‌ای زگیل می‌شود

می‌چسبد تهِ کفش

آرام‌آرام... با هر فشارِ وزنی در هر قدمی

جا باز می‌کند

راهِ بسته را باز می‌کند

کفش‌ها نمی‌دانند

در هر قدم، نیشتری فرو می‌رود در جانشان

در هر قدم، عمرشان کوتاه می‌شود

در هر قدم سقوط از اوج به حضیض شکل می‌گیرد

کفشِ عزیز

دیگر عزیز نیست

به کنجی پرتاب می‌شود

لکهٔ سرخی زیر پاشنهٔ پا پیداست

تنها یک لکهٔ سرخ

و این‌همه تُرُش‌رویی

یزد هم جای قشنگی است

همگان بدانند

بُندرآباد را می‌گویم

قدمتی به طولِ قرون

پنهان زیر خاکِ بادآورده

زیر خاک، شهرها مدفون شده‌اند

گنج‌ها

زیبارویان

فقط باید مشت انداخت

خاک را کنار زد

و عزیزی را در آغوش فشُرد

مادر، مهربانی را با خود زیر خاک برد

چه زود

پدر، اعتمادِ مرا دفن کرد

خاک می‌خورد اعتمادم

---

کنارِ دست پدر

خاک می‌خورد مهرم

کنارِ دیدگانِ مادر

این‌گونه ترسیم می‌کنم تنهایی‌ام را

کفش‌هایم در آینه

کنارِ من

برقِ تازگی

برقِ اسکناس‌های عیدی

برقِ چشمانِ من

برق قطع می‌شود

باد به پنجره می‌کوبد

صدای فرو افتادن میله‌های فلزی

صدای کوبیدن باران به ورقِ گالوانیزه

سایه‌روشنِ رویِ دیوار

صدای ضجّهٔ دخترِ بیمار

عید است

تیک‌تاک ساعت...

از تلویزیون در خانهٔ همسایه

فریادِ گوش‌خراش...

تنهایی بار دارد

کفش‌ها هم مچاله شده‌اند

ترک‌خورده

ترسیده

با بندهای پاره

پاره‌پاره است دلم

دستم

چشمانم

خون، شرم دارد از باریدن

چشمهٔ چشم خشک شده

خشکسالی هم نوبر است

با طوفانِ سالِ نو

چند خوشهٔ گندم مانده زیر تلألؤ خورشید

\*\*\*

کفش‌ها از برآمدن آفتاب دلگیر می‌شوند

غُر می‌زنند

گاه درگیریِ ما به زدوخورد می‌انجامد

زخمیِ این حادثه، منم

عقب‌نشینی در هنگامِ پیش‌بینیِ شکست، منطقی است

ترسِ یک انسانِ عاقلِ بالغ

بالغِ عاقل قوه خرد دارد

ابایی ندارد

زانوانم می‌لرزد

و به پیشوازِ مرگ نمی‌توانم رفت

نه می‌توانم

نه، اگر در یک حرکتِ جنون آمیز بخواهم

کفش‌هایم مرا همراهی نمی‌کنند

در راهِ ناکجاآباد

آبادی ما همان حوالی است

امّا هیچ‌گاه جسارت نداشته‌ام پشتِ دیوارها سرک بکشم

پشتِ دیوار هم زندگی جاریست

و به طرز ناباورانه‌ای

زندگی در همه‌جا رسوخ می‌کند

زیرِ خروارها خاک

تا میدانِ آرزو جولانگه امیدهای بی‌پرواست

زندگی راه باز می‌کند

به دل می‌نشیند این‌همه امید

***

هیچ کفشی تنها به دنیا نمی‌آید

تنها زندگی نمی‌تواند کرد

تنها نمی‌میرد

کفش‌ها با هم به دنیا می‌آیند

کفش‌ها با هم زندگی می‌کنند

کفش‌ها با هم می‌میرند

شاید اما ؛گاه پشت به هم بکنند

نه در هنگام راه رفتن

قهر آن‌ها

زمانِ ایستادن آن‌هاست

ایستادن

در جا زدن

قهر

مرگ

ماندن

ماندابِ

بویِ گندِ تنهایی می‌دهد کفشِ مانده در راه

بویِ نفاق

کفش‌ها حقّ انتخاب ندارند، امّا

جفتشان با آن‌ها می‌آید

نه مانندِ دیگران

کفش‌ها دلشان می‌گیرد گاه

مثلِ هوا

مثلِ حباب

- حبابِ شناور در باد -

می‌رود

تا به برخوردی نزدیک

هضم شود در حجمِ حضور

مثلِ من در نگاهِ تو

مثلِ ما

وقتی من تنهاست

مثلِ حضورِ ساعت

ساعتِ ناهنجار

عبورِ ثانیه‌ها

ساعت‌ها

از کنارِ درِ تنهاییِ من

عبورِ ساعت

مثلِ نسیم

با بوی بهار

بهار، بی بوی یار

افسوس...

افسوس خوردن

بهایِ بی‌توجهیِ ماست

به صدایِ ریزشِ آب

آبی که می‌رود

بی‌بازگشت

به‌سانِ عمرِ برگی در باد

برگی ورق نخورد

در لحظۀ رخوتِ هوش

اشک هم آبی است بر آتشِ دل

باری است بر دوشم

دردِ تنهایی تو در سلّولِ غمت

چه بگویم من؟ هیچ

تهیِ سنگینی است

خالیِ این دل، امّا

باز می‌توان با هم بود

جفت شد در آینهٔ پنداری

حال

این من

و

این اندوهِ دراز

تا ابد باید رفت

دیوارهایی چه بلند

سایه‌هایی چه دراز

و

وداعی در یاد

که تصویر نداشت

لرزش شانهٔ من در سایه

پژواک صدایِ تو در کهسار:

«تا ابد باید رفت»

تنها

کفش‌ها زوج آمده‌اند

تنهایی، مرگ کفش‌هاست

***

ضجّه‌های کودک

تا دم صبح به پاست

دیدن صحنه برای همگان نیست  مناسب

آگهیِ بازرگانی

شوما

رایکا

پسرِ نابالغ

پسرِ نابالغ کفش را می‌فهمد

کفش هم او را...

کفش‌ها گِل گرفته

گوشه‌ای افتاده

هر لِنگ، کنجی

زانو به بغل

خاک به هوا می‌پیچد

کفش هم دل دارد

هرچند جفتِ خود را دارد

گاه باید او را نوازش کرد

بی هیچ دل‌مشغولی

این‌چنین آرام

نرم

بی نوازش سخت است

می‌زند پاها را

خوووب! حواست باشد

حسادت در همه هست

در سنگ

ریشه

درخت

دستِ نوازشگر، حسِ حسد در پی دارد

از حسادت کینه‌ها برخیزد

***

می‌توان بی کفش هم

رهسپارِ ره شد

کفش‌ها می‌مانند

راه را می‌نگرند

آن‌ها می‌دانند

زود برمی‌گردی

پشیمان

زخمی

و به‌سختی جا می‌اندازی خود را

زخم‌ها می‌مانند

تا به یادت باشد

همرهی بهتر از او نیست تو را

گاه کفش‌ها می‌خرامند به هر جا

عشوه‌گر

زیبا

قرمزی رنگ نینداخته است

دست‌دوز کفشِ عزیزی دارم

حاج عبّاس ورا دوخته است

سال‌ها در پیِ پاپوشِ غریبی بودم

نیمهٔ گمشده‌ام دستِ که بود

نیمهٔ گمشده‌ام

کفشِ غریب

در کمد حبس شده

مرده‌اش هم زیباست

نعش‌کش آمده بود

با جوازِ دفن، اینجا

من برایش دوهزار نعش جدید

هدیه کردم که تو را به من بخشد

آدمی این است

می‌فروشد همه را

پیِ چیزی که دلش را بند است

دلبندم!

من به پشیزی آبرو را خوردم

و حیا را سر کشیدم والله

تا بدانند همهٔ اهلِ زمین

که دلم بی‌تاب است

دلِ من بی‌تابِ گذر از ثانیه‌هاست

ثانیه‌ها با آن قدّ بلند

اندامِ ظریف

جلوه‌گر در همه‌جا

نفسی می‌آید

ثانیه‌ای می‌گذرد

چه زمان‌ها کوته شده‌اند

رنگ عوض می‌کند ثانیه

می‌مانم

سبزها بی‌خودی قرمز نشدند

باید ماند

تا دگر بار روزی

رنگِ همه تغییر کند

***

زندگی خالی نیست

تا کفش‌ها هستند

می‌توان زیست

می‌توان کفش‌ها را در آب پخت

کفشِ آب‌پز

کفشِ سرخ‌شده

کفشِ دم‌کرده

کفش‌هایم دم کرده‌اند

به قدری هوا سرد است

نوک انگشتان یخ زده

سرخ، بی‌حس

در عینِ بی‌حسی دردناک

آتش، گرم نمی‌تواند کرد سلّول‌های یخ‌زده را

سلّول‌ها در پیِ مرگند

رسیدن به خواهشِ مرگ...

مرگ می‌گریزد

درد نزدیک می‌شود

نزدیک و نزدیک‌تر

در آغوش می‌توان گرفت درد را در تنهایی


کفش‌ها گاه به آرزوهاشان نمی‌رسند

زبانشان را نمی‌فهمیم

نمی‌دانیم چه می‌خواهند

از نگاهشان نمی‌خوانیم

آرزوها ناگفته می‌مانند

در دل

چه راه‌ها که می‌خواهند طی کنند

سنگلاخ‌ها

برایشان نامناسب

نامساعد است هوا

ناممکن است طیِّ این راه

کفش‌ها جفت ایستاده‌اند آنجا

حاضر

واکس‌زده

برّاق

بُرّاق[۶] می‌شود گاهی

نگاهِ تو

صدایت

محدودیت‌هایی برای کفش‌ها هست در هر جا

ناگفته

---

۶. منظور عتاب‌آمیز است.

نانوشته

گاه هم نوشته

و به زبان می‌آید

صندل نمی‌تواند واردِ بار شود

واردِ میهمانی

باید پاشنه‌های کفش صدا کند

برای رفتن به میهمانیِ رسمی

باید صدا داشته باشد کفش

تَق‌تَق

صدایِ پایِ ناظمِ مدرسه

صدایِ پایِ پدر

صدایِ پایِ تو

پشت در

سکوت...

رسیده‌ای هم‌اینک

صدای قلبِ من

صدای قلبِ تو

صدای قلب‌هامان از بین درزِ در

پیوندِ صداها

میمون

میمون

میمونِ بالای درخت

میمونِ معلّق در هوا

بین این شاخه و آن شاخهٔ درخت

شاخه‌های نورس

شاخه‌های ترد

شکننده

شاخهٔ زرشک

شاخهٔ بوتهٔ تمشک

تمشک وحشی

تمشک‌های وحشی را پیش از رسیدن می‌چینند از درخت

کدام تمشکِ وحشی بارش به میوه تبدیل خواهد شد؟

سوار بر باد

برای بارور کردنِ جفت

به پرواز درمی‌آید

شوقِ باروری

بارور می‌شود اندیشه

پرانرژی

هوا گُر می‌گیرد

هُرمِ داغِ جفت‌گیریِ دو تن

تن

تُن

تُنِ ماهی

تُنِ خدا

نوستالژیِ کلماتِ درهم

ابداعِ واژه‌های گریزان از هم

گریزی نیست

واژه از پیِ واژه روان است هنوز

سیلِ جمعیت

مادر، دل‌نگران است هنوز

تَق‌تَق

صدای کلونِ در

دروازه

کسی پشت در ایستاده

منتظر

بر در می‌کوبد هراسان

کسی در خانهٔ ما نیست دیگر

پدر را بر دوش بردند آدینه

برادر اخته شد از روی کینه

و آن مادرسگان بر درمی‌کوبند

پارینه، پارینه‌سنگی

سنگ‌نبشته‌ای

دیرینه

دیرینه پابرجاست دردِ دوری

گفتن از غم

ناله کردن

چُس‌ناله کردن

همین های

همین هوی

همین های‌وهویِ ما برجاست

تفنگم را بده

برادرا خون در کمین است

عزیزم بر در و دیوار می‌کوبد

پاشنه‌کش بر دیوار می‌کوبد

غریقی آن طرف بر سُکر دیوار می‌کوبد

پشیمانی... هراسی نیست

پشیمانی را جار باید زد

پشیمان

یک نفس، یک بارِ دیگر

زندگی را داد باید زد

زندگی باید کرد

عطرافشان

عطرِ خوبِ زندگی در هر طرف پیداست

بوی خوبِ عشقِ تو

بوی هم‌بستری با یار

بویِ نفرین‌برانگیزِ تجاوزکار

بویِ اسپرم

بوی خیانت

***

کفش‌ها افشایِ راز نتوانند

خوش به حالِ شمایان

رازِتان با سازِتان همخوان شده

کوک باید کنم دیگر بار

هم‌نوا

ماهور

چهاردستگاه

کاش می‌شد به مضرابی دستگاه را تغییر داد

تغییر ماهیت امّا

بدین تدبیرممکن نیست

ذاتِ اهریمنیِ انسان را تغییر می‌باید

که در آغازِ خلقت

دگر قابیل، کمر بر قتلِ هابیلان

نبندد

داستانِ خلقتِ انسان

از آغازِ آفرینش

ریشه در قتل و جنایت داشت

و اینجا، رازِ آفرینش

نقش شد بر دل

بکُش

وَرنه

به دشنه کشته خواهی شد

قیمه‌قیمه، نذرِ ابراهیمِ پیمبر

قورمه خواهی شد

قیمه یا قورمه

شقّه‌شقّه کردن انواعِ مختلف دارد

گوشت را قورمه باید کرد

برای نگهداری

قورمه‌ها را نمک‌سود باید کرد

نمک روی زخم پاشیدن

چه سوزی دارد این درمان

هر درد را درمان بباید کرد

«دردِ ما را نیست درمان، الغیاث

هجرِ ما را نیست پایان، الغیاث»[۷]

دردها در گنجه خواهند ماند

در گنجهٔ دل

---

۷. مطلع غزلی است از حافظ شیرازی.

## گنجینهٔ دل

گنجینهٔ ما پر از درد است
دردهای نوشته بر طومار
از نانوشته‌ها، زنهار
زنهار
زینهار گویان
عَلَم‌ها را برافرازید
کفش‌ها، جفت

***

کفش‌ها می‌مانند زیر خروارها خاک
زیرِ خاکریزِ دشمن
تا ابد
بی‌حرفی
نشان می‌ماند آنجا
بر جا
کفش‌هایِ من
کفش‌هایِ سرخِ بی‌قرارم
های! بیایید

وقتِ شتاب است

باز بی کفش‌هایم آمدم ای عشق

پایِ من سرخ است

تمامِ نشانِ من از خواهش

همین گلگونِ بلندی‌هایِ تن

به باور درنمی‌آید

چه بی‌پروا، به دریا من زدم این بار

به‌سانِ صدباره پیش از این

سرت سبز و دلت خوش باد

این منم غمگین

آویخته بر دروازهٔ شهر است تنم

ندایِ قلبِ من، خاموش

خاموشی را گزیده‌ام یک بار

خدنگی نیست

بر رَف‌های این خانه

شرنگی نیست

خاموش باش و آهسته

بیارام و بیارامم

برای یک دمی، ای یار

کفش‌ها را

کفش‌ها را آسوده بگذار

بی کفش و کلاه هم می‌توان عاشق شد و خندید

تنها چارُقی از بز برای من

شولایی برای تو

و گالشی از آنِ هر دو‌مان

تا به تا بر پا توانیم کرد

سربه‌سر

بر پا توانیم شد

یک نفس

هی های من

هی وای

دشمن آنجا در کمین بنشسته است

جاده جالیز است

جالیزِ خیار و هندوانه

چرا در این زمین

جاده‌ها از میان جالیزها سر برآوردند

و ماندابی میانِ باتلاقِ گاوخونی؟

وک‌ها آواز می‌خوانند

صدا در هر طرف پیداست

صدایِ خر

صدایِ اشترِ بی‌نعل

صدایِ پرِّ پرندگانِ شوم

بمب‌های هیدروژنی

آسمانِ شهرِ من

یک نفس آبی است

مهتاب، مهتابی

نه ابری آمده

نه بارانی

فقط یکباره چشمِ من سیاهی رفت

فشارِ خونِ من می‌افتد آن پایین، این ساعات

کسی هم نیست، بالا بیارد فشارم را

یارم را

میانِ درّهٔ غمگین تردیدم

یک طرف، دریا

یک طرف، دریااااااااست

هر طرف را بنگری تا دورها

دریاست...

دریا، بی‌کران، دریا

دریایِ خاموش

موج را فصل‌ها می‌توان کرد فراموش

\*\*\*

لنگه‌کفش تا می‌شود

امّا نمی‌شکند

خم به ابرو می‌آورد

در سکوت

گوشهٔ تنهایی‌اش را به میهمان تعارف می‌زند

و زیر چندین و چند جفت کفش

زنده می‌ماند

خوب می‌داند

میهمان همین پنج روز و شش باشد[8]

گاهی هم با لَوَندی

---

۸. اشاره به بیتی از گلستان سعدی: گل همین پنج روز و شش باشد/ وین گلستان همیشه خوش باشد.

میان آن‌همه لنگه‌های رنگ و وارنگ

دل می‌رباید

دیده‌ها را خیره می‌سازد

سترگ پیر

اهلِ اخلاق است

بندها را سخت می‌بندد

مبادا، نشتری بر لنگِ همسایه خورد

اتّفاقی بود، می‌شود درمانِ بعد از درد

شایدم، درمان نتوان کرد

آبرو را خورد

شرم را قی کرد

همسایه

زبان چون باز شد، آوا از آن بیرون تراود

تراوش‌هایِ ذهنِ شیزوفرنی را چه باید کرد؟!

ساده است

رسیدن بر درِ خانه

کفش‌ها را بی‌تفکر پرت کردن در گوشه‌ای

انگار اتفاقی در راه نیافتاده است

کنون، پوتینِ من، آج‌های خونینش هویداست

آن‌سو

کفش‌های پاشنه‌بیست‌سانتی

ـ مالِ شهین خانوم ـ

با رنگِ ماتیکی صدا درمی‌دهد:

«ای وای، مگر چیزی شده حالا برادر؟»

پوتین از صدای زیرِ عشوه‌گر بیزار

به موهایِ بلندِ او نظر افکند

زنهار...

***

این کفش‌ها رنگ عوض می‌کنند

گاه سرخ می‌شوند

از شرم

گاه حنایی رنگ می‌گیرند

ـ مثلِ موهای مادرم ـ

چه زیبا!

گاه سبز می‌شوند

سرخوش

گاه هم سیاه

ـ رنگِ ماتم ـ

چه کسی بی‌راه عشق را سیاه خواند؟

عصر جدید است

معانی تغییر یافته

تا به این حدّ

***

کفش‌ها... عدّه‌ای کلّه‌گِردند

آدم‌ها نیز

من نمی‌گویم، بِرِشت گفت

عدّه‌ای کلّه‌تیز

عدّه‌ای هم کلّهٔ گِردشان را زیرِ کلاهی نوک‌تیز پنهان کرده‌اند

بلاتشبیه اسقف‌ها را می‌مانند

ورنیِ مشکیِ برّاق

تودوزیِ قرمز

پایِ سفیدِ زنِ بی‌پوشش

صورتِ سفیدِ آفتاب‌نخوردهٔ آقا زیرِ کلاهِ

سیاه

بدترین نوع، لنگه‌به‌لنگه‌است

لنگه‌ای گرد و آن دگر، تیز

کفش‌ها مانده‌اند تنها

ایستگاهِ اتوبوس است اینجا

ایستگاهی که دیگر هیچ اتوبوسی به انتظارش پاسخ نمی‌دهد

نه در سوزِ سرما

نه در هُرمِ داغِ تنها ستارهٔ این منظومه

آن‌چنان هم که نام‌گذاری شده منظوم نیست

از نظمِ تمامیّت آن بی خبرم

ما آدمیان که در توپِ بی‌نظمش افتاده‌ایم

در کمربندِ این کرهٔ خاکی برف می‌بارد

ما نشسته‌ایم در مهتابی رو به دریا

نوشابهٔ تگری می‌خوریم

و

بالا می‌آوریم

زندگی را

خود را

و

تمامِ باورهایِ دیرینِ‌مان را

خاک خیس می‌شود

رنگ می‌گیرد

بوی تعفّن هر طرف پیداست

دریایِ طوفانی این دل

وای، غوغاست

چه غوغایی در این ساحل

تا بی‌کران پیداست

عروسِ نو در شهر، رسواست

به دامانش

هزاران طفلِ نامشروع سرگرمِ بازی با شقایق‌هاست

هیاهو بی‌سبب برپاست

دامادِ سالخورده به دور از این هیاهوهاست

شبِ حجله، به دنبالِ زغالِ خوب و یارِ بد ویلانِ خیابان‌هاست

عروسِ شهر، میانِ شب، تنهاست

تنها

چه تنهایی؟

لکه‌های خون، نشانِ بی‌آبرویی‌هاست

میانِ بودن و رفتن

درونِ کفشِ خود، بی‌پرواست

گناهِ ساقی شهر است

قصّهٔ وفاداری، بس کوتاست

گاهی کفش‌ها به‌روز می‌شوند

گاه نیم‌روز

زندگی شبانه برخورد دارد با جسمِ سخت

کفش‌ها زیر کرسی صحنه می‌بینند

عقربه‌های ساعت از حرکت ایستاده‌اند

صحنه کات می‌شود

خاموشی پیش از وقوع حادثه

همیشه از پی رفتنِ برق صدای آژیر می‌آید

کسی، کسانی، تنها می‌شوند

بی‌خانمان

به دنبال حقِّ جان‌باختگان

جانبازان

هر کسی حقّی دارد

نوشته، نانوشته

دست و دلِ گرفتن می‌خواهد
دستم نمی‌رود به کار
دل به کار نمی‌توانم داد
دل را پیش از این داده‌ام گرو
گروکشی می‌کنند در این دیار
سندِ مالکیت مابه‌ازا
کلّیه گران شده است
دیالیز، دارو می‌خواهد
دارو در گمرگ می‌ماند
تا تاریخ بگذرد
آدم، تاریخِ مصرف می‌خورد
خانه‌نشین می‌شود
کُنجِ عزلت است
یادِ شهامت‌هایی که آرزو شد
حرف زدن برای ماندن
ماندنِ در یادها
مرگ پیش از آنکه فرشتهٔ مقرّب در بزند، می‌رسد از راه

با مرگ همنشین می‌شود سیّاس دیروز

پیرِ میخانهٔ امروز

دیری است پیاله پشت پیاله پر می‌شود، خالی

عقربه‌ها همچنان دور می‌زنند پیر را

سوئیس هم این‌گونه استعمار کرد جهانی را

برای دوران‌ها

***

کفش چه می‌داند استعمار چه تفاوت دارد با استثمار؟

کفش، مستعمر به دنیا می‌آید

مستثمر می‌شود

و راضی از دنیا می‌رود

با صرفِ افعال:

کفش، نوکرِ خانه‌زاد است

و با آنکه نوکر خانه‌زاد است

از اصل و اصول بهره می‌برد

من نیز خواهم رفت

اینجا بدونِ حضور پررنگِ تو

برگی از درخت نیفتاده است

در صنعتِ حضور امّا

دقت باید کرد

شورِ حضور، فضا را مملو می‌کند

کفش‌ها می‌روند گوشهٔ حجاز

بیداد می‌کند حضور

فرود می‌آیند به چهارگاه

چهار سوق

در گذرِ زمان می‌شود چهارراه

چهارراه

همه بی‌راه

تردید در رفتن یا ماندن

شک به انتخاب گزینهٔ موردِ نظر

گزینه‌ها روی میز، روبه‌روی هم

آگاه ز هر بگو مگوی هم[9]

ترس از رسوایی

ترس از انتخاب نشدن

---

۹. با استفاده از ابتدای شعر «دریچه‌ها» اثر اخوان ثالث: ما چون دو دریچه روبه‌روی هم/ آگاه ز
هر بگو مگوی هم.

کودک است هنوز

ظرفیت، بی‌نهایت

قدرتِ قضاوت، بالفطره

قدرتِ حافظه، بالذات

بزرگ می‌شود

انتقام را معنا می‌کند

بابتِ یک ترجمهٔ همزمان

بالایِ دار است

مردم الله‌اکبرگویان به تماشا مانده

دختر از حرمت خویش می‌گذرد

***

کفش‌ها را برایت جفت می‌کنند

تصویرهای متفاوت می‌تواند بسازد یک واژه

در پیِ هر تصویر، احساسی نهفته است ماندگار

کفش‌ها را جفت می‌کند

نگاهِ گرمِ مرد از بالادست

سوزشِ کنارِ دیسک دوّم و سوّمِ گردن

عرقِ خواهشِ تن

بویِ متعفّنِ خواستن

سجدهٔ کیمونویِ زرد بر درگاه

(کیمونویِ زرد، چادر نمازِ یزدی

ـ رنگِ تصویر ممکن است تغییر کند؛ جنسش، نه ـ

زنِ شرقی بی‌نظیر است

زنِ شرقی، همان هنگام

دختر افغان است با بینیِ بریده

همچنان زیبا

مالک اصلی جایزهٔ پولیتزر

با اجازهٔ عکاس، اینجا آزادی اندیشه‌هاست)

سایشِ رشته‌هایِ نرمِ گیسوانِ زنِ دربند

لبخندِ مذبوحانهٔ یک مرد

پا در کفش گذاشتن

یعنی رفتن

رفتن

نبودن

در میانِ بازوانِ لُختِ لیز

فراموش کردن

فراموش شدن

چشم بر هم زدن

پا را از میانهٔ دروازهٔ کفش پس زدن

هجوم آوردن

هجومِ وحشیانهٔ طبیعت

تنازُعِ بقاء

و به خاطر سپردنِ دردِ هم‌آغوشی

جفت کردنِ کفش برای پیشکارِ قدیمی

ویران کردنِ خانه‌ای

بی‌خانمان کردن عیالِ دیوانه‌ای

واکس بزن فرزندِ نیاز

برآر نیازها را

رازها را

واکس بزن

جفت کن

آقا با پشیزی تو را منتظر است

زیرِ طاقیِ درگاه

پشتِ فرمانِ پیکانِ لکنته

زبان بزنی آن آلتِ رجّاله را

آبِ منی او شود نان‌خورشِ شبانهٔ تو و خواهرت

خواهرت، کودک است هنوز

کودکی به او آویزان است شب و روز

زندگی، این است

نمازت قضا نشود دادیار

صدای جنابِ بُردبار، رسا

پدر، کفیل است

کفیلِ جان و مال و عزّت و ناموس

پدر نمی شناسد به‌غیر از منقل و وافور

کجا حکمی چنین را عدل می‌نامند

که چهارده‌ساله نازک‌دل دختری

هم‌بستر مردی شود این‌سان «پیرِ
پیرهن‌چرکین»؟[10]

داور جار می‌زند قانونِ عدلِ الهی را

---

۱۰. اشاره به شعر «زمستان» اخوان ثالث: مسیحای جوانمرد من! ای ترسای پیر پیرهن‌چرکین.

خدا می‌داند این حکم، حکمِ اوست

و من مأمورم و معذور

چه نفرین‌ها ندانسته به این مظلوم داورِ مغموم می‌کردم

کتاب، پیشِ روی اوست

و فیشِ حجّ عُمره، هم

تقّبل‌الله آقا

مشرّف شو

گوسپندان، چشم به راهِ حجّاج

حوضِ خون، جاری

آب راکد، کر

دخترِ قصّهٔ *ما*، پشت میله در پناه

وان پیرِ پیرهن‌چرکین

لاشه‌ای در میانِ پوشال

پوشال‌ها آغشته به خون

چه هوای خُنُکی می‌وزد از سمت غروب

***

کفش‌ها جفت شدند

میهمانی آمد و رفت

سهمِ آذوقهٔ یک ماه به پایان برسید

خندهٔ کودک همسایه از دیدنِ گِل‌ها ماسید

چه عذابی

چه عذابی است برای مادر

بار کردن آب بر اجاقی دیگر

خُرد کردنِ نانِ مانده

و غزل خواندن از عشق

همهٔ زندگی ما این است:

تصویر، سیاه

شرم بر دشمنِ ما

***

کفش بو می‌گیرد

دخترِ همسایه

شبِ زفاف

پرده، دریده شد

چوبِ پرده افتاد

سپیدهٔ زمستان

تهِ دیگ زیاد خورده بود عروس

حیاطِ شفاخانه

حیاتِ زندگی، ممات، ممهات

چرخ‌دنده‌ها قفل شد

زخمِ بستر

اتاقِ قرنطینه

خانهٔ زوج

خانهٔ روحِ سرگردان در لباسِ سپید

نعشِ افتاده در بستر، در لباسِ سپید

بویِ زردآبِ جاری

بوی خون

بوی ماندگی

بویِ آرزوهایِ بیات

هر بیت، شاه‌بیتِ تنهایی

حضورِ زنی در خانه

حضورِ زنانی به رنگِ اسکناس

رنگ در رنگ

حضورِ مرگ در این همه رنگ

کفش بو می‌گیرد در تنهاییِ خودیش

زخمِ جا می‌گیرد

یاغی می‌شود

و

دیگر پا نمی‌دهد به‌آسانی

سخت می‌شود

سنگ

دل‌تنگ

بی‌شک حوالیِ خواب‌هایِ ممتدِ بی‌قراری تکانی می‌خورد

لرزه، خواب را می‌رماند

من، تو را

سقف، چراغ‌هایِ آویخته را رها می‌کند از سرِ دار

می‌میرند به‌یکبار

از زهدانِ کاغذی که برون آمدند

بر دار شدند

بر دار ماندند

بر دار تعویض شد قطعه‌شان

بر دار زخم خوردند و عاقبتِ کار

بر دار مردند

می‌شود ایمان داشت

زندگی بر دار هم جاری تواند شد

اقتدار آدمی این است

معجزه پس از رسولان هم رخ می‌دهد انگار

کفش‌هایم بو گرفتند

سقفِ خانه، شرمسار

سِتر کفش‌ها با در و دیوار

خانه را می‌پایم

رنگِ خاک است و خاکستر

من، به زمین افتاده، در جست‌وجوی مرگ

مرگ، ای برادر، مرا دریاب

تمامِ زندگی می‌شد فریبی جانفزا باشد

نشد، شاید شود فردا

کسی بازگشته از آنجا؟

خدنگی نیست

یک جنازه بیشتر

آمارها بیشتر

شاید عزیزان چاره‌ای یابند

بخاری، آن گوشه را کشته

همهٔ کنجِ دلم خالی است

سیاه است

دود، دوده

***

محدودیت

قالبِ انسان است و تعیینِ حدود

انسانِ نیم‌کرهٔ شرقی محدودتر

و اندیشهٔ انسانِ نیم‌کرهٔ شرقیِ پارسی

ـ با عرضِ پوزش ـ

خلاصه می‌شود در یک رقم

دو هزار و پانصد

دوهزار و پانصد سال سابقهٔ تمدّن

دو هزار و پانصد کلمه

فقط همین!

تاب لنگه‌کفشی در هوا

شکاف عمیق نفرت است به سوی شما

نفرتی عمیق، شکافی ماندگار

Title: **The sole of shoes in the mirror** (Persian Poem)
Author: **Manizheh Rafiey**
Editor: **Dr. Abdolrasool Forootan**
Cover Design: **Kourosh Rafiey**
ISBN-13: **978- 1942912378**
ISBN-10: **1942912374**
Library of Congress Control Number: **2018901666**
Publisher: **Supreme Art**, Reseda, CA